LETTRE
DE REMERCIMENT

A M. L'ABBÉ ALBANÈS

au sujet de sa dernière brochure

LETTRE

DE

REMERCIMENT

A

M. L'ABBÉ ALBANÈS

au sujet de sa dernière brochure

PAR M. L'ABBÉ MAGNAN

Membre de la Société de Statistique

Amicus cicero, sed magis amica veritas.

MARSEILLE
TYPOGRAPHIE ET LITHOGRAPHIE DE F. CANQUOIN
Rue Napoléon, 16 et 18.

1867

L'année dernière, M. l'abbé Albanès fit une brochure contre ma *Vie d'Urbain V*. Je pris la résolution de ne rien dire, ce qui fut approuvé généralement.

Cette année-ci, il est revenu à la charge et il a cru l'occasion bonne pour publier une autre brochure où mon nom figure encore d'une manière peu flatteuse pour moi.

Comme à la longue on pourrait croire que je garde le silence parce que je n'ai rien à répondre ; et que, d'ailleurs, je ne suis pas bien aise que M. l'abbé Albanès vienne frapper sur moi à coups redoublés, toutes les fois que la main lui démange, j'ai pris la liberté de lui adresser cette lettre.

Elle n'est pas longue, elle obtiendra son effet, comme je l'espère et ce critique sévère finira par comprendre qu'il pourrait s'occuper d'une manière beaucoup plus utile pour lui et pour moi et consacrer à des travaux dignes de ses talents, les heures qu'il perd à éplucher mes livres.

Je n'ai pas la prétention d'écrire des livres d'histoire de 500 pages sans commettre quelques erreurs, sans me tromper d'un jour ou d'une heure. Ce que je trouve étrange, c'est que les critiques eux-mêmes se trompent et qu'on puisse leur dire : **tu quoque.** Une erreur chez un critique, c'est une tâche dans le soleil.

26 Décembre 1866.

LETTRE DE REMERCIMENT

A

M. L'ABBÉ ALBANÈS

MON CHER AMI,

Je tenais à vous remercier de la bonté avec laquelle, sans en être prié, vous avez bien voulu rectifier dans votre brochure éditée à Mende (1), les propositions que vous aviez émises, l'année dernière, contre ma *Vie d'Urbain V* (2). En plaisantant sans doute vous aviez fait mes *erratas*. Cette année-ci, vous commencez à me rendre justice, et je prends la liberté de signaler à votre bienveillante attention tout ce qui est contraire, dans la nouvelle brochure, à vos critiques de l'année dernière.

Vous me permettrez ainsi, très-cher Monsieur, de vous opposer un moment à vous-même, et d'en appe-

---

(1) *Recherches sur la famille de Grimoard.*
(2) *Entrée solennelle d'Urbain V.*

ler à l'avenir, de M. l'abbé Albanès mal informé, à M. l'abbé Albanès mieux informé.

Dans ma *Vie d'Urbain V*, j'avais parlé en ces termes des Grimoard :

« Guillaume de Grimoard et Amphelise de Mont-
» ferrand eurent quatre enfants. Etienne qui était
» l'aîné se maria. Guillaume était le second fils. Le
» troisième ce fut Anglic que son frère décora de la
» pourpre romaine. Enfin, vient en quatrième ligne
» Delphine de Grimoard qui épousa le baron de Ro-
» cheblave. »

L'année dernière, vous avez attaqué en ces termes cette généalogie :

Ajoutez : plus un cinquième, Maurice de Grimoard qui fit branche et dont la descendance a continué la race quand celle de la branche aînée fut tarie, plus une sixième, Isabelle, que le cardinal Anglic appelle sa sœur (1).

Aujourd'hui c'est tout changé, il y a revirement : Maurice de Grimoard *qui fit branche* n'a jamais existé :

On sera peut-être surpris de voir que nous ne comprenons pas parmi les enfants de Guillaume et d'Amphelise Maurice de Grimoard. Quel n'a pas été notre étonnement quand nous nous sommes assuré en étudiant la généalogie des du Roure, que Moréri fait descendre de Guillaume de Grimoard, une famille qui n'en descend pas et lui donne pour fils, le fils d'un autre ? En effet, celui qu'il appelle Maurice de Grimoard fils de Guillaume est tout simplement Maurice du Roure, fils de Guy du Roure (2).

---

(1) Entrée solennelle d'Urbain V. *Errata* 6.
(2) *Recherches sur la famille de Grimoard*,

Pourtant, mon cher Monsieur, vous m'avez donné un démenti public, fortement accentué.

Comment! il vous a fallu un an pour reconnaître que Maurice est un mythe! Quand vous affirmiez énergiquement l'existence de ce *Maurice qui fit branche*, et que vous faisiez avec tant de verve et d'abondance mes *Erratas*, je souriais et je pensais bien que vous finiriez un jour par faire les vôtres. J'aurais désiré une chose, c'est qu'en reconnaissant votre méprise, vous eussiez pris la peine de dire que l'année dernière j'avais raison, tandis que vous aviez été induit en erreur par des renseignements inexacts et par de fausses généalogies.

Aux frères et sœur d'Urbain V, vous ajoutez une certaine Isabelle désignée ainsi dans le testament du cardinal Anglic : « Je lègue à ma chère sœur en Jésus-
» Christ, Isabelle de Sinzellis, religieuse du monastère
» des Fours à Avignon, dix florins d'or en rente
» viagère. »

Dix florins! Ce n'est pas merveilleux quand la nièce du cardinal, Amphelise en avait cent! Et de cette chère sœur en Jésus-Christ, Isabelle de Sinzellis, vous faites une sœur d'Urbain V! Il y a à cela une petite difficulté, c'est qu'Isabelle ne porte pas le nom de Grimoard. Elle s'appelle Isabelle de Sinzellis.

Mais, dites-vous, *le cardinal l'appelle sœur, ma chère sœur en Jésus-Christ, c'est donc sa sœur* (1).

Fallait-il le testament du cardinal Anglic pour savoir que les religieuses portent le nom de sœur : ma sœur, ma chère sœur, ma très-honorée sœur ?

Cependant vous montrez un peu d'hésitation au mo-

---

(1) *Recherches sur la famille de Grimoard.*

ment de franchir le pas et vous ne paraissez pas bien certain de ce que vous avancez. Le nom de Sinzellis vous importune : *Isabelle de Sinzellis! Serait-ce un nom de mari ? Isabelle n'aurait-elle été qu'une belle-sœur ?* Mais il s'agit de me trouver en défaut et vous avez bientôt calmé tous vos scrupules, étouffé tous vos remords : *Pourtant le cardinal l'appelle ma sœur, ma chère sœur en Jésus-Christ.*

Si du moins le cardinal l'appelait ma sœur, ce serait quelque chose! or, voici ses paroles : **Dilectæ mihi in Christo sorori Isabellæ de Sinzellis.** Est-ce clair? qui peut voir là une sœur d'Urbain V? Vous vous êtes mépris évidemment sur le sens des paroles du cardinal.

Mais laissons la sœur Isabelle dans le monastère des fours.

La série des sœurs d'Urbain V n'est pas close. Maurice de Grimoard n'étant plus, sa succession passe à un autre et, sur le témoignage de la généalogie manuscrite, nous voyons paraître Hermenarde, une inconnue, Hermenarde ! (1)

Or, pour nous engager à recevoir les yeux fermés, cette généalogie manuscrite, voici en quels termes vous en faites l'apologie :

Nous sommes loin d'en être satisfait. Bien des noms changés, des dates fausses, des personnages omis ou ajoutés empêchent d'ajouter foi à ce document. La succession des seigneurs de Grisac y est complètement manquée; les armes mêmes des Grimoard y sont travesties !!

Et c'est un pareil titre que vous produisez quand il s'agit d'affirmer l'existence d'Hermenarde ! et vous

---

(1) *Recherches sur la famille d'Urbain V.*

n'en avez pas d'autre ! et sur la foi de cette généalogie, contre l'avis de tout le monde, vous mettez en avant le nom d'Hermenarde ! Vous n'êtes pas difficile sur le choix de vos preuves. Bientôt, je le vois, vous serez forcé de ranger Hermenarde dans la catégorie de ce *Maurice de Grimoard qui fit branche*.

D'après Moréri, j'avais affirmé que Delphine de Grimoard avait épousé le baron de Rocheblave. Malgré vos dénégations, je maintiens mon dire. Qu'est-ce que ce jeune Guillaume de Montaut que vous m'opposez ? Le connaissez-vous ? Ce nom paraît pour la première fois.

Vous avez oublié, très-cher Monsieur, que Montaut, nom fabriqué nouvellement, n'est pas un nom patronymique mais un nom de cité, en latin **de Monte Alto** ou du Pujaut, arrondissement d'Usès, **Mons Altus**. Qui jamais l'appela Montaut ? Pourquoi ne pas dire Guillaume du Pujaut, puisque c'est la traduction fidèle ?

On doit maintenir ce qui a toujours été dit jusqu'à preuves du contraire. Souvent une grande lumière est cachée derrière un nom propre mal écrit ou mal rendu et on s'expose à étouffer la vérité dans son germe, au train dont vous y allez.

Qui sait même si Mons Altus, Château-neuf, Rocheblave, Blavi, Castrum novum cité par Baluze comme un neveu d'Urbain V, ne se rapprochent pas un peu et ne sont pas des formes diverses d'un même nom défiguré par les historiens, les copistes, les notaires, les protes, les étymologistes et ceux qui fabriquent les noms propres ?

En citant les paroles de l'auteur qui écrivit la première *Vie d'Urbain V*, vous affirmez que ce pape n'avait qu'un neveu, Raymond de Montaut, **nepo-**

tem suum unicum, et de cette assertion, comme d'un principe incontestable, vous tirez vos corollaires. Il me semble, très-cher Monsieur, que vous n'avez pas tout à fait bien saisi le sens de l'auteur, lequel, suivant moi, veut parler ici des laïques seulement : **De laïcis autem nepotem suum unicum.** — Urbain V avait d'autres neveux qui étaient dans les ordres. Sans cela, comment l'aurait-on loué de n'avoir pas fait du Népotisme ? **Affectum carnalem nequaquam ad suos habere se demonstravit. Nullum ex eis ad quamcumque prælaturam promovit, nisi duos videlicet Anglicum fratrem suum et unum nepotem ex consanguineo germano, doctorem decretorum** (1).

Vous rendez **Nepotem ex consanguineo germano** fils de cousin germain. Je ne suis pas bien assuré que vous ayez raison. Pour moi, je me ferais un vrai scrupule de traduire ainsi.

Je vous dis cela simplement, comme je le pense, là entre amis.

Lorsque j'ai affirmé qu'il y avait dans la famille d'Urbain V, quatre enfants seulement, et que d'une main sûre, je traçais, le premier, la généalogie d'Amphelise de Montferrand, je le faisais avec connaissance de cause. J'avais en main un document précieux que vous ne connaissez pas. Vous avez cru à tort qu'il y avait seulement la chronologie manuscrite de la Bibliothèque Impériale et celle de Moréri. Il en existe une troisième bien autrement exacte que les deux autres; c'est elle qui m'a guidé. Je vous le dis, non pour en tirer gloire, mais à titre de renseignement.

---

(1) Première *Vie d'Urbain V*. Baluze.

— 13 —

J'ai donné pour père à Amphelise le comte de Montferrand qui fit la campagne de Flandres en 1304. Je l'ai appelé comte de Montferrand afin de n'être pas obligé d'écrire une longue dissertation sur les *comtors* du Gévaudan. Comte pour *comtor* qui n'est pas français, c'était, sans doute, une hardiesse de langage; mais enfin, je n'avais pas la prétention d'ériger en comté la seigneurie de Montferrand. J'y allais tout bonnement, je parlais français et je ne voyais dans notre langue d'autre équivalent au mot *comtor* que celui de comte. S'il me fallait encore parler du seigneur de Montferrand, après avoir pesé les deux mots au poids du sanctuaire, j'aimerais mieux parler français d'un air dégagé, que d'employer un mot barbare (1).

Lorsque vous ne vouliez pas qu'Amphelise fût la fille du comte de Montferrand, vous en faisiez une personne âgée :

Si l'on veut bien réfléchir que le mari d'Amphelise avait alors près de quarante ans, on croira plus facilement qu'elle était sœur de Guy de Montferrand qui était convoqué pour la guerre (2).

Ici, il entrait dans vos convenances qu'Amphelise fut une dame d'un certain âge. Dans votre dernière brochure, au contraire, il faut qu'Amphelise soit moins âgée et vous en faites une jeune personne :

Elis pouvait n'avoir guère plus de 14 ans (3).

C'est admirable! vous avez deux cordes à votre arc et vous arrangez merveilleusement toute chose !

Amphelise, d'après vous, serait cette jeune Elis pré-

---

(1) Entrée solennelle d'Urbain V, *Errata* 5.
(2) Entrée solennelle d'Urbain V, *Errata* 5.
(3) *Recherches sur la famille de Grimoard.*

sentée à l'évêque de Mende, Guillaume Durand, en 1293. Il est vrai que les chartes ne l'appellent pas Amphelise, **Amphelisia** : Elle a nom Elis. Mais vous ne regardez pas les noms avec une loupe et vous dites :

La ressemblance est trop grande entre Elis, Hélis, Hahélis et Amphelisia pour qu'on ne voit pas que c'est le même nom et nous croyons inutile d'insister davantage (1).

Effectivement! vous n'avez pas besoin d'insister. Tous les raisonnements deviennent superflus. Avec un tel procédé, les études historiques n'ont plus rien qui arrête et on prouve bien des choses.

Dans ma *Vie d'Urbain V*, j'avais parlé ainsi du monastère de Chirac :

« A quelques lieues de Mende, vers le couchant,
» s'ouvre une vallée gracieuse qui forme un charmant
» contraste avec les gorges du Gévaudan. Une petite
» rivière aux eaux claires et tranquilles la traverse.
» Les montagnes sont moins âpres; elles ne présen-
» tent plus aux regards des cîmes déchirées et des
» flancs ouverts comme celles du pays d'alentour. Un
» rideau de rochers sombres et accidentés clôt la
» vallée qui est ainsi, de toutes parts, enfermée et à
» l'abri des vents. L'air y est doux, le ciel pur, la terre
» fertile. C'est là qu'Aldebert, évêque de Mende, et son
» frère Astorge avaient fondé, vers l'an 1061. un mo-
» nastère dont on voit les restes au Monastier, à un
» mille de Chirac. Il dépendait de l'abbaye de Saint-
» Victor de Marseille. Anglic de Grimoard, oncle du
» jeune Guillaume, en était prieur. L'enfant l'avait
» sans doute visité dans cette retraite. Frappé de la

---

(1) *Recherches sur la famille de Grimoard.*

» beauté des lieux et de leur solitude, il crut pouvoir
» y vacquer librement à l'étude et à la prière, et vint
» y chercher un asile contre les séductions du monde.
» Son oncle lui donna l'habit de saint Benoît et reçut
» sa profession quand l'année d'épreuve fixée par les
» règles fut écoulée (1). »

Dans votre première brochure, très-cher Monsieur, vous n'êtes pas du même avis que moi :

La preuve de cela ? me demandiez-vous avec une certaine vivacité. La preuve ? où est la preuve ? Nous savons qu'en 1337, Anglic était prieur de Chirac ; mais, qu'il le fût quand son neveu prit l'habit, nous voudrions qu'on le prouvât. Il est d'ailleurs certain qu'Urbain V n'a pas fait profession à Chirac, mais à Saint-Victor (2).

Aujourd'hui, vous vous êtes radouci, et vous avez subitement embrassé mon opinion :

Urbain V prit l'habit de bénédictin au Prieuré de Chirac. Anglic de Grimoard devint prieur de Chirac et il était présent à Marseille au chapitre général de Saint-Victor du 12 mars 1337 et à celui du 11 novembre 1343. A chaque fois, il est nommé le premier parmi les prieurs. On croit généralement qu'il était frère de Guillaume père d'Urbain V, ce que nous admettons volontiers, sans en avoir pourtant des preuves bien positives. Mais nous ne pouvons pas ne pas remarquer que le Pape avait précisément choisi le monastère de Chirac pour y prendre l'habit monastique et que son frère le cardinal portait le même prénom d'Anglic sans doute en mémoire de l'autre (3).

Voilà, très-cher Monsieur, des aveux qui vous font

---

(1) *Histoire d'Urbain V.*
(2) *Entrée solennelle d'Urbain V, Errata 5.*
(3) *Recherches sur la famille de Grimoard.*

beaucoup d'honneur, vous rétablissez les faits dans toute leur vérité, et je ne puis, cette fois, que je ne vous fasse mes plus sincères compliments.

Ces bonnes tendances datent de l'année dernière. Vous n'aviez pas encore terminé votre brochure et, déjà vous commenciez à me rendre justice. Si vous aviez eu la bonne inspiration de corriger trois fois vos épreuves, nous finissions par nous mettre complètement d'accord.

Ainsi, vous me reprochiez d'avoir illuminé les rues de Marseille au moment où le Pape Urbain V y faisait son entrée en 1365. Vous ne saviez pas au juste, le jour ni l'heure de son arrivée, puisque les historiens n'en disent rien. N'importe, vous commenciez toujours par vous prononcer contre moi et vous me querelliez au sujet de ces illuminations. Ensuite, comme érudition, vous aviez soin de noter, que le Conseil de ville de l'époque avait ordonné, non seulement que Marseille fut illuminée, mais encore qu'on allât à la rencontre du Pape avec les flambeaux de toutes les confréries et 100 torches de la cité (1).

Vous me donnerez la satisfaction d'avouer que ces flambeaux et ces torches étaient complétement inutiles si Urbain V avait dû faire son entrée à dix heures du matin.

Vous reprenez : *Que le Pape se soit arrêté quelques moments, ait adressé quelques paroles aux religieuses de Sainte-Claire, c'est ce que nous ignorons, et ce qui ne se voit que dans l'*Histoire d'Urbain V (2).

Mille pardons! cela se voit encore ailleurs, c'est-à-dire dans votre brochure, dix lignes plus haut :

---

(1) Entrée solennelle d'Urbain V, p. 28.
(2) Entrée solennelle d'Urbain V, p. 38.

Tant de grâces avaient donné aux saintes religieuses un vif désir de voir leur bienfaiteur. Prosternées devant lui, elles offrirent leurs remercîments et ne se retirèrent qu'après qu'il les eut bénites.

Prosternées devant lui ! Elles lui barrèrent le passage, Urbain V s'arrêta donc. S'il les a bénies, il a dû le faire en desserrant les dents, et comme elles venaient de lui adresser un petit compliment, le Pape avait trop d'éducation pour garder le silence.

Allons, cher Monsieur, courage, continuez à suivre cette voie qui est la bonne, ne vous laissez pas arrêter par des considérations étrangères au sujet, rétablissez les faits, rendez à l'histoire tous ses droits, revenez sur vos erreurs passées, corrigez vos *Erratas* sans crainte, sans hésitation, sans respect humain.

Reconnaissez comme des erreurs du prote :

Lucien III mis pour Lucius III (1), Pierre de Ventadour pour Bernard de Ventadour (2), Michel Paléologue pour Jean Paléologue dont le nom vous crevait les yeux dans mon livre (3), sainte Catherine de Pazzi pour sainte Magdeleine de Pazzi (4), les dates 1341 et 1342 pour 1351 et 1352 (5), etc., etc., etc., etc.

Quel livre, même le plus soigné, est exempt de pareilles tâches ?

Avouez : que nonobstant les dires de Cottier en qui vous avez beaucoup de confiance, le Comtat-Venaissin ne fut définitivement acquis au Saint-Siége qu'en 1274, qu'il ne pouvait lui appartenir réellement en

---

(1) *Errata* 1.
(2) *Errata* 3.
(3) *Errata* 44.
(4) *Errata* 48.
(5) *Errata* 47.

1228, comme vous le prétendez, puisqu'en 1243 les comtes de Toulouse y commandaient encore (1);

Que je n'ai pas mérité la corde pour avoir appelé trouvères, les troubadours, puisque ces deux noms ont la même racine, la même origine, signifient la même chose, puisque les anciens dictionnaires les emploient indifféremment l'un pour l'autre, et qu'enfin, c'est pure convention, si de nos jours on appelle trouvères les poètes du Nord et troubadours ceux du Midi (2);

Que les Papes d'Avignon pouvaient sans difficulté faire leurs délices des troubadours Pierre Vidal, Bernard de Vendadour, Arnaud de Merveil morts un siècle auparavant, au même titre que vous et moi faisons nos délices de Racine, de Virgile et d'Homère qui pourtant ne sont pas des contemporains (3).

Que les jeux floraux ayant été établis à Toulouse en 1324 et une sorte de renaissance de la poésie Provençale s'étant opérée alors dans tout le Midi de la France, j'ai pu dire sans indiscrétion que la poésie Provençale avait jeté beaucoup d'éclat au temps des premiers Papes d'Avignon (4);

Que vous me faites une vraie querelle d'Allemand au sujet des abbés de Saint-Victor dont la succession ne me paraît pas bien claire, comme vous pouvez vous en convaincre en lisant mon livre, n'ayant donné mon opinion qu'avec une extrême hésitation et reconnaissant que j'aurais certainement mérité tous vos sarcasmes, si j'avais parlé de ces abbés avec autant d'assu-

---

(1) *Errata* 2.
(2) *Errata* 3.
(3) *Errata* 3.
(4) *Errata* 3.

rance que vous-même, très-cher Monsieur, de Maurice de Grimoard (1) ;

Qu'on meurt bientôt quand on quitte la vie à l'âge de trois ans, et qu'en disant du jeune enfant de la reine Jeanne enlevé à cet âge de ce monde, qu'il était mort bientôt, j'avais dit une grande verité et je méritais des éloges (2) ;

Que j'ai fait entrer Urbain V à Marseille, non par la porte de la Joliette, comme vous le prétendez faussement, mais par la porte que nos antiquaires appellent Galle, et en bon français porte de France, nommée ainsi dans mon livre, comme on peut s'en convaincre ; Galle étant une expression provençale et qui de plus sonne fort mal, j'ai cru devoir m'en abstenir afin d'être compris à Lyon, à Paris, à Toulouse (3) ;

Qu'en faisant venir Urbain V à pied à Marseille, j'ai copié Ruffy, Guesnay, Bosquet et Ciaconnius qui en valent d'autres ; m'en tenant respectueusement à leurs dires jusqu'à preuves du contraire, sachant fort bien qu'en aucun temps les plaisanteries les plus fines et les plus délicates, n'ont tenu lieu de raisons sérieuses (4) ;

Qu'il ne suffit pas toujours de la bulle d'un Pape pour terminer les affaires, et qu'ainsi Urbain V a bien pu donner la bulle **in supremæ** sans que l'affaire de l'Université de Vienne ait été conclue (5) ;

Que la reine Jeanne ayant nommé Boccace son chapelain ou aumônier, j'ai pensé que c'était un titre suf-

---

(1) *Errata* 21.
(2) *Errata* 22.
(3) Entrée solennelle, p. 36.
(4) Entrée solennelle, p. 34.
(5) *Errata* 32.

fisant pour le croire prêtre, ne pouvant supposer que Boccace fut aumônier de la reine Jeanne comme Voltaire le fut du roi de Prusse (1) ;

Qu'Albornos ne vint pas à Corneto recevoir Urbain V, retenu qu'il était par la fièvre, l'autorité de Sépelvueda son historien qui est pour moi, me paraissant préférable à celle du *Paradis des Jésuates* qui manque de critique (2) ;

Que j'ai eu raison de suivre Baluze et l'*Iter Italicum*, lesquels font arriver Urbain V à Corneto le 3 juin, plutôt que votre *Paradis des Jésuates* qui met l'arrivée du Pape au 4 juin, l'auteur de ce livre étant mal renseigné sur tout ce qui concerne Urbain V personnellement, le faisant naître, dans la ville de Limosins en Gascogne, arriver à la tiare en 1363, comme il était à Milan, et enfin mourir à Marseille dans l'abbaye de Saint-Victor, trois erreurs capitales en quatre lignes, ce qui ne vous empêche pas cependant de l'ériger contre moi en oracle (3) ;

Que Baluze peut affirmer tout ce qu'il veut. Libre à lui et à vous, très-cher Monsieur, de croire que la translation des têtes des saints Apôtres se fit le 15 avril 1370, jour de lundi ; mais que, nonobstant deux autorités aussi imposantes, la fête eut lieu le 16 avril jour de mardi, témoin le procès-verbal de la cérémonie qui fut déposé dans le temps aux archives de *Sant'Angelo in Pescheria* et dont je tiens un exemplaire à votre disposition, timbré, scellé et paraphé (4) ;

Que, suivant la lettre du Sacré-Collége au cardinal

---

(1) *Errata* 37.
(2) *Errata* 42.
(3) *Errata* 42.
(4) *Errata* 51.

Anglic, Urbain V étant mort à l'heure des vêpres, et suivant le manuscrit du Vatican à la neuvième heure' la neuvième heure c'était donc 3 heures après midi ; par conséquent la première de nuit 7 heures du soir et la cinquième de nuit 11 heures ; qu'ainsi, très-cher Monsieur, *en comptant les heures à Marseille au temps d'Urbain V, comme on les compte maintenant à Naples de qui Marseille dépendait alors,* et en traduisant **hora matutinalis** par *une heure matinale,* ce que vous ne trouverez dans aucun auteur, puisque le matin c'est l'aurore, le premier lever du soleil, et non le cœur de la nuit, vous faites à la fois un petit contre-sens et un gros anachronisme (1) ;

Que vous avez eu tort de me reprocher cette heure matinale à 11 heures du soir, par la raison bien simple que ces deux mots **hora matutinalis** ne signifient pas une heure matinale, ainsi que vous vous l'êtes figuré, mais l'heure de matines, comme on disait à l'époque le livre de matines, **liber matutinalis** ce qu'il faudrait traduire, d'après votre système, un livre matinal (2).

Vous me ferez enfin l'amitié de croire que même, sans le secours d'un dictionnaire, mis en présence du manuscrit du Vatican, je saurais encore assez de latin pour m'en tirer convenablement ; mais que si dans ma *Vie d'Urbain V* j'ai traduit : le reste de l'office sera célébré à l'heure ordinaire, c'est que dans le manuscrit en minuscules gothiques au lieu de **cœterùm horâ consuetâ videlicet,** j'ai lu : **cœtera horâ consueta** (3). Je crains bien que vous n'ayez été vous-

---

(2) *Errata* 52.
(3) *Errata* 52.
(4) *Errata* 61.

même induit en erreur par un manuscrit fautif que j'ai vu entre vos mains à la Bibliothèque Vaticane. Il appartient au fonds de la reine de Suède. C'est une belle écriture courante, bien lisible. Vous l'avez copié en entier et vite. De cette manière, le travail vous devenait plus facile et vous aviez du temps de reste pour faire d'autres recherches également précieuses sur la famille d'Urbain V, sur les deux cents feux de l'hoirie des Grimoard, sur les personnages interessants de l'époque avec qui nous avons eu dernièrement le plaisir de faire connaissance : Jean de la tête dure, Pierre Fà, Jean le Merle, Guillaume Crépin, Jean Bellugue, Jean *de Foraminibus*..............

Etc., etc., etc., etc., etc., etc , etc., etc.

Veuillez agréez tous les sentiments avec lesquels j'ai l'honneur d'être,

Bien cher Monsieur,

Votre dévoué serviteur,

J.-B. MAGNAN.

Marseille, le 27 décembre 1866.

7

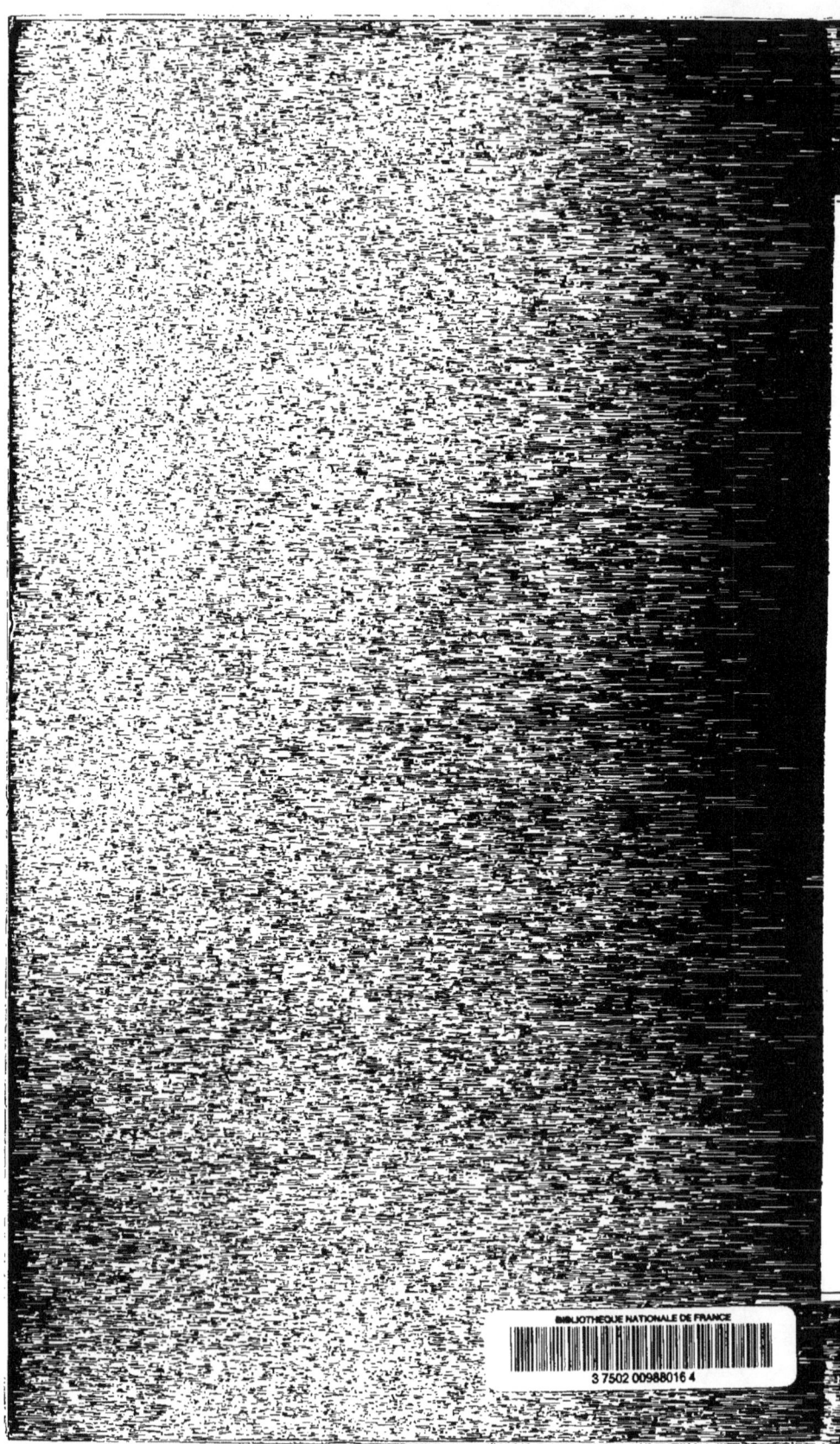

www.ingramcontent.com/pod-product-compliance
Lightning Source LLC
Chambersburg PA
CBHW060913050426
42453CB00010B/1707